4 amigas, poucas palavras e um café

Kimberli Senna

Rafaela Lopes

Michelly Jardim

Tainá F. Lemos

4 amigas, poucas palavras e um café

SÚMARIO

4 amigas, poucas palavras e um café

4 amigas, poucas palavras e um café

APRESENTAÇÃO
4 Amigas, poucas palavras e um café

Kimberli Senna

Tem 28anos e é uma jovem portadora de Paralisia Cerebral. Formada Técnica em agroindústria pelo Instituto Federal sul rio-grandense (IFSUL) campus Bagé, e é estudante do curso de tecnologia em alimentos pelo mesmo. Atualmente integra o Napne (Núcleo de apoio a pessoas com necessidades específicas.) do mesmo campus onde estuda, também foi convidada para palestrar na Escola Municipal de Ensino Fundamental Antônio Fued Kalil onde palestrou sobre sua trajetória de vida e sua luta. Participou de um projeto de incentivo à leitura no ano de 2014, participou de uma peça de teatro

Durante o período em que estava concluindo o ensino médio, e teve a honra de ter uma poesia de sua autoria juntamente a alguns colegas de aula publicada pela livraria LEB em um livro intitulado "Ler, Sonhar e Transformar" na cidade natal Bagé RS onde tive meu primeiro contato com a escrita. Ama música, poesia, grande apreciadora da arte em geral. Realizar esse projeto em parceria com suas amigas, e sua namorada é um grande presente, e uma alegria imensa para ela, pois esse livro representa a amizade, o amor, união, e também a luta pela liberdade de ser quem somos.

Michelly Jardim

Tem 24 anos, nascida em Porto Alegre, mas atualmente reside em Bagé rs. Apaixonada pela escrita desde 2012. Em 2016 teve participação em uma peça teatral Conflito com um dos papéis principais. Poetiza, compositora membro da Confraria de poetas livres de Bagé.

Estar com minhas amigas e poder compartilhar nossos momentos em versos é uma experiência incrível. Mais incrível ainda é saber que além do ramo profissional e projetos, também somos parceiras uma na vida da outra.

4 amigas, poucas palavras e um café

Rafaela Lopes

Tenho 26 anos, nascida em Bagé, formada em Tecnologia em Alimentos pelo Instituto Federal Sul- Riograndense (IFISUL). É apaixonada por dança, é dançarina, por isso faz parte de um curso de dança no IMBA há mais de 10 anos, adora arte e também à musica, toca piano muito bem, adora tocar e se inteirar ao teclado e tocar com as mãos belas músicas. Foi membro do teatro da escola em 2016.

Este é o primeiro projeto em que participa com poesias e pensamentos, assim colocando seus dotes como escritora em ação neste livro em parceria com suas amigas de anos. É uma honra e um privilégio de participar deste livro, além disso cada uma das meninas tem personalidades e pensamentos diferentes e fortes, mas com um único objetivo estarem sempre unidas, e este livro irá unir a todas mais que
nunca.

4 amigas, poucas palavras e um café

Tainá F. Lemos

Poetiza por amor, formada em letras-Português e respectivas literaturas pela Universidade Federal do Pampa (UNIPAMPA). Estudante de Pós-graduação em Educação especial e Inclusiva pela faculdade UNINA, membro da confraria poética "Poetas Livres de Bagé" desde 2022, tem 28 anos.

Sua paixão pelas Letras e poesia veio de muitos anos, meados de 2012 onde começou a escrever poesias e a transformar as ideias, tudo que sentia em poesia na folha de papel. Hoje tem um livro publicado chamado "TEMPOSDE POEMAS: poemas de uma moça pensativa. Ama o que faz e construir este livro em parcerias com suas amigas e sua amada namorada que também é sua amiga e companheira é muito gratificante.

Este livro é a memória e o sentimento de cada uma que se propôs a esse projeto, são escritos espetaculares de mulheres guerreiras e que escrevem muito bem e que escrevem para as pessoas encontrarem pedaços delas nesse livro feito com muito amor, só espero que apreciem essa bela obra feita por 4 amigas regada a café, muitas conversas e muito bolo.

4 amigas, poucas palavras e um café

4 amigas, poucas palavras e um café

4 amigas, poucas palavras e um café

4 amigas à beira da mesa
Um café bem fresquinho
Risadas em cadeia
Juntas ninguém se sente só
Amizade que guia verdade
Olha só, esse quarteto é 10!

Nos seus olhos encontram-se coisas distintas
Uma é cor, a outra é amor
Uma é flor e a outra é sorriso feito
Cada uma é diferente
Mas também é igual
Num café regado a alegria e música
Olhe, é lá que vão estar
As quatro amigas, um papo bom
E muito café... com bolo

Raras são as chances de encontrar pessoas assim
Alguém que cuide e permaneça até o fim
Poucas palavras se transformam em imensidão

Declamada pela doce voz de quem sabe ouvir o coração A força
da amizade não se dá pelo tempo, pela proximidade, ou pelos
anos convividos.
A força da amizade se dá pela união, por ser irmão,
Pelo sentimento de nunca se sentir só
E saber que não está
Pela aceitação dos defeitos, enaltecimento das qualidades,
pela correção no erro, pelo amparo na angústia, Pelo amparo
na doença, e também pelos momentos de celebração
A força da amizade é e sempre será uma busca de fazer questão

Tem aquelas amigas que se conhecem de longa data
Outras que chegam de surpresa,
 Entram e fazem pousada
Principalmente quando menos se espera
Tem aquelas amigas que sempre estão em união
Estão sempre juntas
Nos momentos de alegria
E até mesmo nos momentos difíceis
Ou distantes uma da outra
Somos amigas que estão sempre conectadas.

**Kimberli L. SENNA, Michelly Jardim & Rafaela Lopes, Tainá F.
Lemos**

4 amigas, poucas palavras e um café

CAPÍTULO I

Kimberli L. SENNA

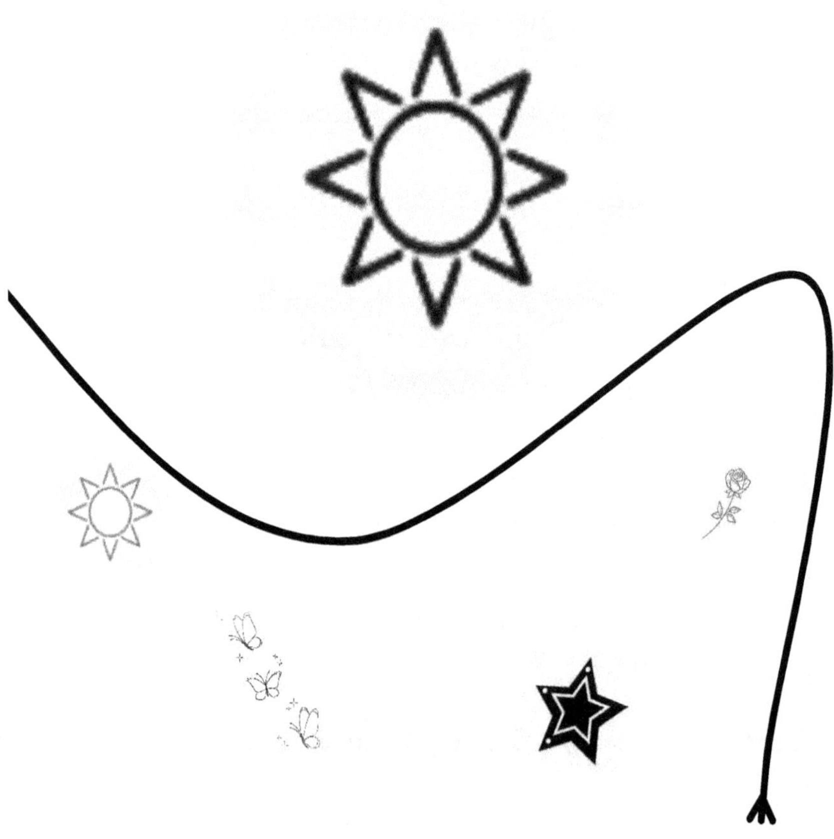

4 amigas, poucas palavras e um café

Respeito às mulheres

Lugar de mulher é onde ela quiser,
Em casa, no escritório, na presidência, no laboratório. Nós
mulheres merecemos respeito, nosso corpo, nossas regras!
Casamento? Sim! Se assim desejarmos!
Filhos com certeza teremos!
Se for nossa decisão!
A mulher deve ser sempre compreendida em toda em
qualquer situação principalmente quando diz não!
Justificativas não se fazem necessárias pois um não! Não
precisa de explicação.
Não é não!

Kimberli L. Senna

4 amigas, poucas palavras e um café

Expressão do amor

O sentimento de amor a meu ver deve ser expresso, não necessariamente é dizer eu te amo a cada segundo do dia, pois o sentimento de amor pode ser expresso em palavras, mas também em um ato de serviço, por exemplo, ao preparar o café da manhã, comprar um presente, cuidar em um momento de doença, tirar o lixo para a rua, levar as crianças para escola, ajudar seu filho com o dever, ao invés de deixar tudo para sua esposa.

Levar para jantar, usar palavras de afirmação, verbalizar o sentimento, enaltecer as coisas boas que um faz pelo outro, ao invés de ficar só criticando e dizendo o que o outro deixou de fazer. Toque físico é a minha favorita, amo beijos, abraços, Caricias. Enfim, não importa a forma demostrar amor, não é ser emocionado, é ser real!

E no mundo que vivemos é mais do que essencial ser real.

Kimberli L. Senna.

Meu tempo fora do tempo

Às vezes penso que não sou desse tempo, eu aprecio coisas que nem todos dão valor, um cartão, carta escrita à mão, presentes fora de datas especiais. Para mim não é necessária uma data especial para se dar um presente, ou se fazer presente. Não acredito que há algo que não se possa resolver com diálogo e entendimento. Hoje sei que o tempo na verdade não significa muita coisa, você pode conhecer uma pessoa há muitos anos e não conhecer o coração dela.

E pode conhecer uma pessoa a pouco tempo e ela te fazer a pessoa mais feliz da vida. O amor não é algo pronto, ele nasce como uma criança e precisa ser regado todo santo dia para se manter, amar de verdade é aceitar o outro como ele é, mas também compreender que podemos melhorar pelo parceiro (a) e pela relação existente, ceder pelo parceiro, entender o outro lado, não ver somente o nosso ponto de vista evoluir juntos, lutar juntos para conquistar as coisas, crescer juntos apoiar os sonhos do outro por que no momento que você apoia o seu parceiro ele cresce e vocês também são um casal, então ambos vão desfrutar dos frutos juntos, entretanto,   não devemos perder nossa essência, nos submeter as situações que nos fazem mal, ou deixar   impor nossos limites ,enfim eu acredito realmente nisso.

Kimberli L. Senna

Deixe as coisas acontecerem

Não corra atrás do amor, deixe ele te encontrar! Não procure por pessoas perfeitas, elas não existem! Nem nunca existirão! Não confunda namoro com prisão, o que quero dizer é que é normal ter ciúmes, mas não prenda, não sufoque a pessoa! confie em quem está ao seu lado. Há uma razão pela qual essa pessoa está ao seu lado, respeite o espaço dela! ame-a, cuide dele(a) sempre! e ainda mais se você ver que é recíproco, que essa pessoa também te ama, te cuida, faz de tudo por você e pra te ver feliz! Assim como você faz por ela! Ame por amar, não esperando recompensas.... O amor deve ser ofertado de coração, não mendigado. Jamais coloque toda sua vida e expectativas, dê um futuro uma vida em cima de uma pessoa até por que namoro e casamento não são garantias de nada. Não são como um carro ou uma casa que ao comprar são seus, amor não se pede, não se implora, ou você tem ou não, lembre- se que tudo pode acabar em um instante.

Ou você pode permanecer casado(a) com uma pessoa por mais de cinquenta anos pode envelhecer ao lado dela relacionamento tem que saber cuidar, tem que ter entendimento, diálogo, e como flor tem que regar todos os dias não demais se não morre, mas na medida certa para se manter vivo. independente disso, curta o momento aprecie a vida ao lado daquela pessoa, não coloque rótulos como: namoro, casamento, tudo isso são rótulos, são só nomes que se dão a uniões, pense que vive um relacionamento feliz do lado de quem ama, e pronto! Faça viagens, vá ao cinema, ao teatro, à shows, ao motel, viva cada minuto da sua vida como se fosse o ultimo nunca esqueça dos seus amigos e família! Valorize- os.
E nunca deixe de sonhar.

Kimberli L. Senna

O dia que o mundo parou

E de repente o mundo parou!

Parou dando o que as pessoas vivem pedindo: Tempo!

Tempo para ficar um pouco em casa,

Tempo para ficar na companhia dos filhos, Tempo pra
dar mais valor e importância a nossos familiares,

Tempo para perceber e lembrar de uma coisa muito relevante
através desse mal, que é a vida!

Esse vírus que infelizmente vem tirando muitas vidas à
finitude!

Nós acabamos temos um tempo limitado aqui.

Por isso, devemos aproveitá-lo da melhor maneira!   Daqui não
levamos nada exceto o amor que recebemos e a vida!

Ah a vida! É muito mais do que apenas trabalhar, pagar
contas, e morrer.

Kimberli L. Senna

Pausa

Às vezes é importante parar para respirar,
Para reorganizar a cabeça Para
cuidar da nossa mente, Do nosso
emocional.
Às vezes queremos bancar os super-heróis ou
as Super-heroínas,
Queremos dar cem por cento de nós às outras pessoas, Para as
atividades diárias, entretanto não conseguimos dar nem vinte
por cento de nós para nós mesmos. Por isso pausar é
importante e necessário, Pois se não estamos bem, tanto
fisicamente como
emocionalmente, de nada adianta
E a concentração vai embora,
Entramos no piloto automático
E Fazemos as coisas por que temos que fazer,
Estudamos por que temos que estudar,
Limpamos a casa por que temos que limpar, enfim!
Tudo se torna somente uma obrigação a cumprir
E o prazer e a alegria em fazer desaparecem E
você só vai seguindo o fluxo das coisas
Conforme os dias passam.
Muitas vezes mesmo sendo muito fortes

A gente desaba por que existem situações Que
mesmo que a gente não queira Exercem muito
impacto sobre nós.

Não é fácil esquecer ou apagar da mente,
Fingir que não aconteceu,
Que você não ouviu, não viveu,
E tem coisas que por mais que o tempo passe Você não
esquece por que o ferimento pode fechar, Mas
permanece a cicatriz.

Kimberli L. Senna

Profissão, Professora

Durante o intervalo
Observando a sala vazia
Sentei-me na posição de professora
E por algumas horas fiquei a imaginar
Meu sonho sendo concretizado

É diferente ver a sala
De um ângulo,
O ângulo que sempre quis
Mais que tudo na vida

A vida é luta
Nada vem fácil,
Mas com trabalho duro e persistência
Não há o que não se consiga
Mesmo que demore
Sei que a vitória vem
E estarei pronta para colher Os
frutos quando chegar a hora.

Kimberli L. Senna

4 amigas, poucas palavras e um café

Caminhos da Vida

A vida é um eterno engole o choro, segue em frente, banca as tuas escolhas e não desiste de ti. Às vezes é difícil, mas temos que seguir, ser adulto é isso. É a vida que nos pede maturidade! Às vezes sinto como se eu não pudesse chorar na frente de ninguém, me sinto como uma garotinha que precisa de colo por cinco minutos e tem que buscar essa força em Deus porque não dá pra se segurar muito em pessoas, pois cada uma tem sua luta pra lutar e é isso.

Muitas vezes temos que ser a fortaleza para nós mesmos, pois não podemos nos segurar nos outros ou esperar que eles nos segurem. Em momentos difíceis e inclusive nos de facilidade, Deus deve estar à frente. Devemos buscar a Deus tanto quanto procuramos um amigo para desabafar, o colo dos pais para nos confortar, um lenço para secar nossas lágrimas, se Deus for a prioridade em nossa vida, em nossa casa, se orarmos mais para agradecer do que para pedir, tudo pode mudar na vida da gente. Tudo melhora, pois quanto mais a gente agradece mais coisas boas acontecem.

Kimberli L. Senna

4 amigas, poucas palavras e um café

Pedido

Que eu seja sempre capaz de reconhecer o que as pessoas fazem por mim. Que eu saiba sempre reconhecer o meu valor, e não espere isso de ninguém, que eu seja sempre agradecida pela minha vida independente dos dias serem bons, ou ruins. Que tenha maturidade para sempre dizer o que não estiver me agradando nas atitudes de alguém e quando ouvir o que incomoda as pessoas referente as minhas atitudes, que eu saiba aceitar, entender e evoluir. Que eu saiba sempre perdoar e reconhecer quando errar.

Que eu não perca a fé em Deus nunca, que a minha esperança nunca morra e sim que se renove apesar das adversidades da vida. Que o sentimento de carinho que eu tenho pelas pessoas que conheço se mantenha vivo. E que esse mesmo carinho eu tenha por mim, que eu saiba me acolher tanto quanto acolho os outros, procure me entender tanto quanto sempre faço questão de entender os outros. Que eu seja sempre essa Kimberli que eu tanto gosto, e me orgulho. Sou do bem, quero o bem, desejo o bem, e sim sem nenhuma modéstia, digo que a sorte é de quem me tem.

Kimberli L. Senna

4 amigas, poucas palavras e um café

Para minha futura noiva

Meu amor por você não tem tamanho   nem pode ser descrito em palavras, pois palavras o limitam e ele não possui limite é uma coisa que não se explica apenas se sente! Faria o impossível a fim de garantir sua felicidade eterna ao meu lado, seu bem-estar, pois você é tudo para mim, minha namorada, minha noiva, minha futura esposa!

Apenas quero continuar ao seu lado construindo o nosso lindo futuro, não ligo para os olhares julgadores ou preconceitos mundanos. Estamos apenas sendo felizes e ninguém calça os nossos sapatos, luta as nossas lutas, nem vive a nossa vida, então ninguém tem o direito de fazer julgamentos, embora nós saibamos que sempre farão isso.

Apenas segure a minha mão e mantenha a certeza de que continuaremos juntas por muitos anos conquistando tudo juntas, vencendo juntas, realizando juntas, sonhando juntas e um dia contaremos nossa história para nossos filhos que virão.

Eu te amo!

Kimberli L. Senna

4 amigas, poucas palavras e um café

CAPÍTULO II

Michelly Jardim

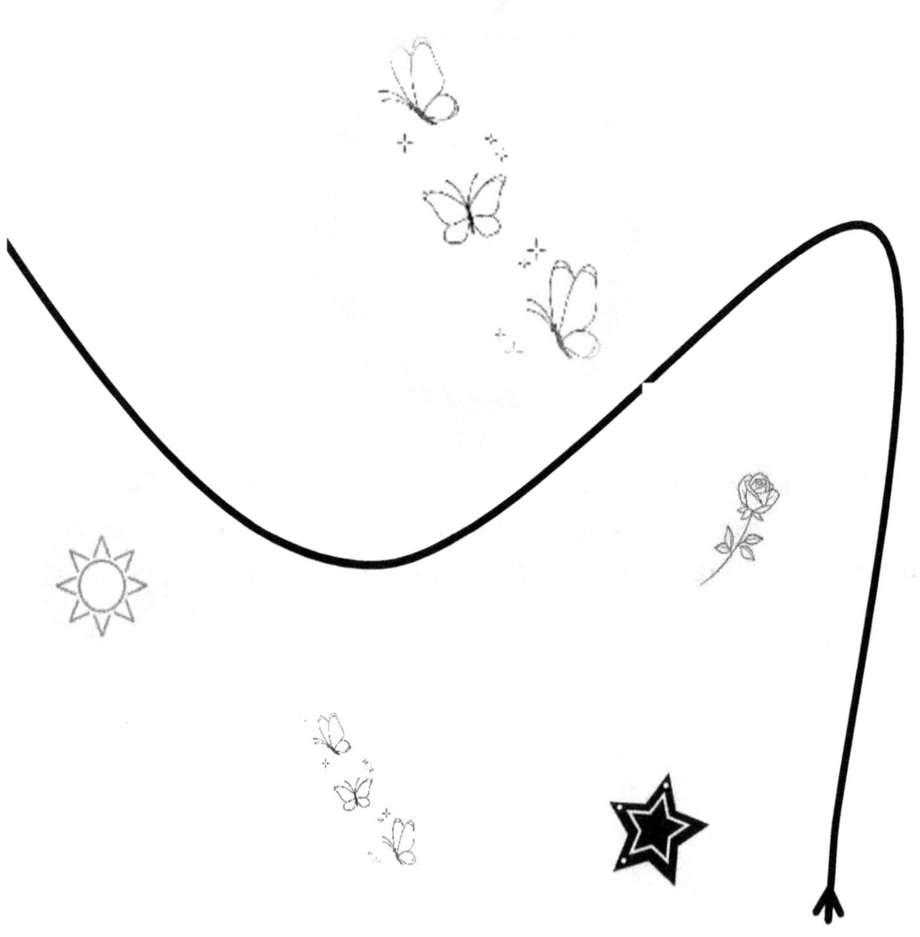

4 amigas, poucas palavras e um café

Me sinto céu

Tem dias que me sinto céu, nublado

Rodeada de nuvens e problemas

Tem dias que me sinto assim

Tem dias que estou a relampear é de assustar

Tem dias que só me resta chover

E nada me faz parar

Como se alagar os meus problemas fosse adiantar.

Michelly Jardim

4 amigas, poucas palavras e um café

Sobre "A" Amor, amar

Amor é uma substância lícita
Amar é vício
Amor é sentimento
Amar é sofrimento

Amor é ordem, paz
Amar é bagunça, guerra
Amor tudo pode
Amar nem sempre quer

Amor é certo, é destino
Amar é paralelo. sacrifício
Amor é gritante, corajoso
Amar é árduo, desvantajoso

Amor é açúcar
Amar é sal
Amor é amadeirado Amar é
floral
Amor é quem chega
Amar é quem fica
Amor demora
Amar não tem hora

Michelly Jardim

4 amigas, poucas palavras e um café

4 amigas, poucas palavras e um café

Mulher

Te liberta mulher vai e mostra teu poder
Te movimenta faz acontecer
Te liberta mulher mostra teu valor
Te supera, te reinventa sem temor
Vai pra cima mulher e goza da tua arte
Te representa ser fogo que queima e arde
Vai pra cima mulher e ganha teu lugar
Te apresenta, te exibe, despir a alma não é ser vulgar
Seja tu mulher, fogo e paixão
Seja chuva mulher, de inverno e verão
Seja tu mulher, tampa e panela
Seja tu mulher, perigo e donzela
Te liberta, movimenta, te supera
Seja luz, inteligência e aquarela Vai pra
cima, se apresenta e representa Seja
açúcar, seja sal ou seja pimenta.
Seja tu mulher, tua melhor versão
Seja a loucura entre a razão
Seja lua e emocione com suas fases
Seja você com o encanto que trazes
Seja tu mulher, a luz do sol que irradia
Seja tu mulher poema, verso e poesia.

Michelly Jardim

4 amigas, poucas palavras e um café

Pela última vez

Pela última vez senti calor
Pela última vez sinto frio
Pela última vez levantei
E agora permaneço deitada

Pela última vez eu disse te amo
Pela última vez toquei minha guitarra
Pela última vez sinto dor
Pela última vez senti amor

Pela última vez lembrei dos olhares
Pela última vez lembrei daquelas palavras, tão amargas
Pela última vez sinto meu coração bater
Pela última vez senti minhas lagrimas escorrer

Pela última vez sentirei um abraço
Pela última vez irei ouvir aquela voz Pela
última vez serei vazia
Pela última vez serei companhia...

Michelly Jardim

4 amigas, poucas palavras e um café

Moradia

Houve um tempo que tudo era mais fácil
Lembranças só existiam em um porta-retrato
Não feriam a minha mente e nem o meu coração
Sei que preciso de um tempo pra respirar um
pouco
Mesmo que eu me sinta no fundo do poço
Escrever é a única coisa que parece me salvar

Eu não consigo falar
Também me falta o ar
E se nada disso for adiantar
Meu Deus, me diz o que eu devo fazer?
Houve um tempo em que tudo era melhor
Só precisava saber a tabuada de cor
Momentos não feriam a minha mente
Nem o meu coração

Sei que preciso de um tempo pra
pensar um pouco
Mas se eu pensar demais será que fico louco?
E se escrever um dia não for mais a solução? E
se o que me restar for melancolia?
Ficar acordada toda noite e todo dia
Ansiedade em mim quer vir morar Mas
eu não sou... Sua moradia.

Michelly Jardim

4 amigas, poucas palavras e um café

Respira menina

Respira menina, o mundo é louco e tudo acontece por uma razão
Respira menina, as coisas nem sempre vão sair como planejou
Mas tempos melhores virão

Respira menina, deleta o que não te acrescenta
A paz que sustenta não te arrisca a perde-la
Respira menina, deixa ir embora quem não quer ficar
É a resposta da tua oração quando pede pro mal se afastar

Respira menina, chora se precisar
Levante, fique de pé
Tem o mundo inteiro para desbravar

Respira menina, que já és tão mulher
O tempo passou e nem percebeu o quanto cresceu E já não
cabe mais no colo, no manto, mas ainda chora...

Respira fundo, o mundo não quer te ver parar
Tu és guerreira de nascença teu instinto é lutar

Respira menina e veja
Que nem tudo mais te machuca
Olha para trás e reveja condutas, teus erros
Que jamais terias corrigido se tivesse ficado por lá.

Michelly Jardim

4 amigas, poucas palavras e um café

Veneno

Mas que palavras perversas são essas Que
me exalas?
Mas como é possível que eu tenha me tornado assim?
Tão ruim? Tão ruim...

Mas que fatos insustentáveis estes
Que me apresentas
Mas como é possível que tais atitudes
Tenham vindo de mim? Sem mim ao menos recordar?

Me descrevas, me reconheças pelo o que sou
Me escute, me leia pelo o que vivo

De mim? Tenha pavor, tenha ódio ou até rancor
Mas tenhas sentimentos reais
Reais a meu respeito de algo que eu realmente tenha
sido, dito ou feito.

Michelly Jardim

4 amigas, poucas palavras e um café

Valente

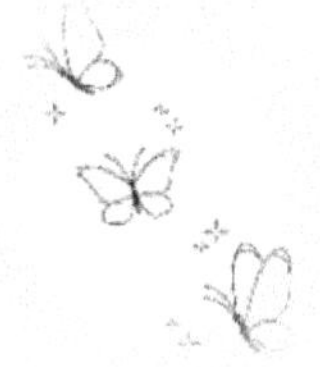

Tão linda, é a minha vida inteirinha
Moça risonha que adora dançar
Tão pequena e dona de uma alegria infinita
Motivo do meu querer viver e despertar

Tão feliz, veio pra completar
Pedacinho de mim que faltava
9 meses esperei ansiosa pela tua chegada
Cheia de luz, eu te trouxe ao mundo

Canções de ninar, histórias e paredes riscadas
Correrias, bagunças, tem choros,
Mas tem gargalhadas

Branquinha como as nuvens do céu
Cachinhos castanhos dourados feito mel
Valente é o significado do seu nome
Escolhido com todo carinho
Preencheu meu vazio
Com seu sorriso Benguela
E gritando bem alto, mamãe!

Michelly Jardim

33

4 amigas, poucas palavras e um café

Equilíbrio

Quando penso em tudo o que me falta, demonstração não é o caso e sim reação, acho que nem sempre consigo reagir como devo, acho que nem sempre demonstro o que quero também. Com o tempo a gente acaba deixando muita coisa a desejar até mesmo aquilo que mais sonhamos ou lutamos. Acontece que eu nunca soube ser equilibrada, eu enlouqueço toda vez que me falha razão, tem vezes que os meus carinhos parecem arranhões e nem sempre saem acordes bonitos do meu violão.

Nem sempre tenho voz para finalizar uma frase ou consigo ser firme o suficiente para segurar uma caneta e versar. Mas parte de der desequilibrada também tem seus picos de emoção, quando dou risada até a barriga doer, quando choro desesperadamente de felicidade ou quando tenho surtos psicóticos de abraçar apertado quem eu amo. Eu sou feita de tudo à flor da pele, de tudo no mais alto nível eu não sou fácil de conter! Minha mente me faz viver na máxima frequência e desacelerar nunca vai ser a minha solução. Mas por mais longe que eu pareça estar eu sempre acabo voltando pro meu ponto de paz, pra minha vida... Pra minha escrita...

Michelly Jardim

Aquela voz

Ah! aquela voz, mas que bela voz
Me faz ficar fora do ar
Muitas vezes quando estou escrevendo gosto de
imaginar
Tua voz alta, clara e levemente rouca
Me fazendo perguntas óbvias
Que já sabe bem a resposta,
Então é sim!

Voz estonteante que me embriaga
Me faz imaginar coisas que pensei ser incapaz.
Te imagino, das minhas canções mais românticas
Aos contos mais picantes
Mas que bela voz, me faz incendiar

Quero poder te ouvir contar seus contos preferidos
Quero te ouvir falar besteiras
Antes de dormir
E ter como despertador tua risada
para me fazer acordar sorrindo

4 amigas, poucas palavras e um café

Mas que bela voz Que
insiste em atiçar meu
lado incontrolável
Que faz eu me perder em mim mesma Até
me encontrar na versão
 que mais te satisfaz

Michelly Jardim

CAPÍTULO III

Rafaela Lopes

4 amigas, poucas palavras e um café

Amar ao próximo

Amar ao próximo

Ajudar as pessoas que realmente precisam

Ser solidário, ter compaixão

Ser união com as pessoas

Amar e ser amado

Acima de tudo amar

A todos como a ti mesmo.

Rafaela Lopes

4 amigas, poucas palavras e um café

O adulto quer ser criança

Ser criança ou ser adulto?

Criança tem que brincar

Correr e aproveitar a fase de criança

Sem pular fases, não precisa ser adulto tão cedo

Ser adulto é mais responsabilidade

Cada fase vai chegar, tem muito tempo,

O tempo certo de ser criança e ser adulto

Não precisa pular as fases

O adulto ainda quer ser criança

E a criança tá louca pra crescer, Mas tudo

tem seu tempo certo de acontecer

Só tem que aproveitar a fase que você está.

Rafaela Lopes

4 amigas, poucas palavras e um café

Tempo

É bom ter um tempo pra si

E pra tudo na vida,

Para o amor, trabalho, filhos, lazer, mil coisas

Nós priorizamos o trabalho, mas não é a prioridade

Não podemos deixar outras coisas de lado

Por isso deixe um tempo pra cada uma

Só não deixe o tempo passar sem fazer nada.

Rafaela Lopes

4 amigas, poucas palavras e um café

Amar e ser amado

Às vezes eu me pergunto o que falta para amar?

Me pergunto também se estou pronta pra amar,

Demorei a dar a resposta,

Pois amar é repentino, vem de surpresa,

E é muito bom se sentir amada,

Chegar do trabalho cansada

E seu amor se importar com você,

Fazer um elogio, um carinho,

Sentir que ele vai continuar te amando

Dia após dia, cada segundo que passa,

Não importa os anos

Quem te ama de verdade

Vai estar ali a cada instante... com você.

Rafaela Lopes

4 amigas, poucas palavras e um café

Menina sonhadora

A menina que sonha

Ser alguém na vida,

Trilhar seu caminho

Que busca novas experiências

Que sonha por sua liberdade de ser

Ser seu eu, seu próprio eu,

Essa sou eu.

Rafaela Lopes

4 amigas, poucas palavras e um café

Saudade

A saudade às vezes dói,

Prevalece uma conexão mesmo na ausência

Bem lá no fundo,

Sinto o vazio que falta aquele abraço,

Daquele carinho, saudade vem sempre,

Mas também sei que não é um adeus,

É um até logo!

Rafaela Lopes

4 amigas, poucas palavras e um café

Amor próprio

Às vezes é bom amar alguém, muito bom,

Mas também amar a si mesma é maravilhoso,

Descubra como se amar primeiro, a se conhecer

Depois você pode amar alguém Se

priorize mais, valorize-se, se ame mais,

Aí sim poderá amar a pessoa ao seu lado.

Rafaela Lopes

4 amigas, poucas palavras e um café

O que é ser mãe

Mãe gera na barriga, mas também tem a cria

E gera no coração,

Não adianta brinquedos caros para uma criança

Às vezes ela só quer atenção e carinho, brincar,

Aproveitar a fase de criança com os pais,

Ser mãe é ter responsabilidade,

Há algumas mulheres que não querem ser mãe

E é um direito dela,

Outras sonham em ter um filho,

Mas ter um filho, ser mãe tem que ser no tempo certo,

Tudo tem seu tempo, mas quando acontece é maravilhoso.

Rafaela Lopes

4 amigas, poucas palavras e um café

Prioridades

Quais são suas prioridades?

Amor? amiga? esposa? marido? família?

Trabalho? filhos? Todos são prioridade!

Mas priorize o mais importante... Você.

Rafaela Lopes

4 amigas, poucas palavras e um café

De grão em grão se chega lá

A gente batalha para conseguir as coisas,
Mas não se comparando com os outros,
Não somos melhores, nem piores que ninguém E
aos poucos com muito esforço
vamos conseguindo concretizar os nossos sonhos,
Tudo acontece devagarinho não é rápido,
É um passo de cada vez e nunca subindo em cima dos
outros
Pra conseguir as coisas, assim não conseguimos nada,
mas se   fizermos com tudo planejado, as coisas vão fluir
E vão dar certo, e no final vai vale muito pena o seu
esforço.

Rafaela Lopes

CAPÍTULO IV
Tainá F. Lemos

4 amigas, poucas palavras e um café

Multiplicador de amor

Um beijo significa tudo
Onde o amor existe
Onde duas pessoas se encontram
Se cruzam e resolvem não se largar
O sabor de amor tem importância
O toque, o sorriso,
O companheirismo um do outro
Sei a verdade
Imposta nesse beijo intenso É
amor!
Existem inúmeras formas de amor
E esse deve multiplicar-se mil, 10 mil, 1 milhão de vezes
Até que saibamos que o amor sempre vai vencer
Amar, o mundo precisa amar
Precisa cultivar o amor
Como uma flor regar todos dias
Todos nós merecemos ser amados,
Respeitados a cima de tudo
Esse beijo é um beijo de amor
É a aliança de pessoas que se amam
Ah, o amor! Ele tá aí no meio do beijo
Também está aí do seu lado
Pega ele e multiplica
Mais pessoas têm que saber
E viver o amor, por favor, multiplique!

Tainá F. Lemos

4 amigas, poucas palavras e um café

Fogo e paixão

Você pergunta o que eu mais amo em você
Eu digo que é teu abraço   E é
verdade, é nele que faço crer
Que faço crescer o fogo
O desejo acendido por você

Tua boa um convite ao beijo
Uma boca carnuda que me convida
A tua intenção, só por um momento pede nos amar
Para nos ligarmos de corpo e alma
Somente eu e você
E o incontrolável amor

O fervor e o calor
Que invade minhas entranhas
Quando você encaixa seu corpo no meu
Vem com propostas indecentes
Nós no quarto
Com o espelho no teto
Como testemunha do amor
Que a gente fez
Os lençóis bagunçados
E o cheiro da paixão
Invadindo cada parte de mim e de você

4 amigas, poucas palavras e um café

Caminhando sorrateiramente pelo teu corpo
Me perco nas curvas
Nas brechas do teu corpo
Provo do teu doce mel Que
toda vez me embriagada De
fogo e paixão.

Tainá F. Lemos

4 amigas, poucas palavras e um café

Um parto natural

Dar a vida
Ser ninho pra um novo ser
Que você já ama sem nem ver
Mesmo antes de conhecer
Já amava mais que tudo
A barriga crescendo
Engordando, peitos nascendo leite
Pra quando você nascer
Eu te amamentar

Não importa o cansaço A
imensa barriga que se formará
Pelo contrário, sinto felicidade!
Contando os dias pra te ter em meus braços
Logo, logo a mágica acontecerá

A bolsa finalmente vai estourar
Sentirei dores terríveis
Finalmente o parto vai iniciar
Dilatações e contrações
Sentirei você chegando

4 amigas, poucas palavras e um café

_ Mais uma vez!
Uma força incrível pra você nascer _ Mais um
pouco! Posso ver a cabeça! Numa última força,
uma força de todo meu ser Nascerá você!

Seu primeiro choro,
Verei seu rosto pela primeira vez
Te colocarei sobre meu peito E
direi:
_ Sou sua mãe.

Tainá F. Lemos

4 amigas, poucas palavras e um café

Nada é impossível

Tudo é possível quando se tem força
Quando se tem garra pra seguir
Quando você acorda
E decide ser feliz
Nada é impossível
Quando a fé se encontra aí dentro
Quando apesar de um coração sensível
Tem uma força no peito
De correr atrás do que quer

Nada é impossível
Basta querer e lutar
Bastar sair daí e caminhar
Ir em direção ao sonho
E torná-lo realidade
Apesar de qualquer dificuldade Nunca,
nunca desista!
A única coisa impossível
É driblar a dona morte
Um dia sabemos que iremos morrer
Até que esse dia chegue
Faça por você
E deixe um legado de força
Aos que ficarem
E que um dia possam dizer "Aqui
jaz alguém que nunca desistiu e que
venceu as batalhas da vida!".

Tainá F. Lemos

4 amigas, poucas palavras e um café

Dimensão da amizade

Sou amiga e carinhosa
Mas ainda não aprendi a socializar
Não que eu queira ser assim
É que o passado fez isso em mim

Realmente poucos ficam
Muitos se vão
Mesmo assim os que continuam São
guerreiros hein!
Difícil conviver com alguém como eu

É, eu admito
Sou um péssimo amigo
Quando se fala em compartilhar
Não sei tirar o ciúme
De dentro de mim
Sei, sou muito boba
As pessoas que eu amo
Estarão sempre comigo

Eu já deveria saber a dimensão da amizade
Que existe a minha volta
Só aqueles que a gente sente saudade
Mesmo que fique anos sem se ver

4 amigas, poucas palavras e um café

Quando se encontram é só festa
Agradeço a vocês
Por aguentarem a insegura
E Ansiosa amiga
O que me segura
É a verdadeira amizade
Sei que já fiz muita coisa
Que não me orgulho

Pra falar a verdade
Peço que entendam
E me compreendam
Eu estarei sempre aqui
Aprendendo a ser melhor
E só agradeço as pessoas que Deus me deu
E a maior de todas foi
Sua exímia amizade
E eu sei que é de verdade Obrigada,
amigo!
Sabe, estou muito agradecido, Até
mais.

Tainá F. Lemos

4 amigas, poucas palavras e um café

O gato da minha vida

O gato é um ser divino
Deus inventou um belo ser
De dentes afiados, bigode fino e pelo macio
De muita elegância e poder

Um gatinho é um anjo
Que carrega um barulhinho
No seu peito
Faz rom, rom e acaricia
Ele é quase um santo
Sabe decifrar meu olhar
Deita-se sobre mim
Quando não estou bem
O gato sabe, sente a gente

Ele me cheira, vem de mansinho
Vem de vagar amassando pãozinho
Ronrona feliz
O Gato tem espírito de caça
Essa é sua raça
Destemido predador
De pássaros e gafanhotos
E de vez em quando
Um ratinho corredor

4 amigas, poucas palavras e um café

Nada escapa a sua visão de felino
O gato é amor
Pelos coloridos, unhas e bigodinhos
Um gatinho é um bom companheiro
Apesar das arranhadas e coisas quebradas pela casa

Ele é dono de tudo
Da mesa, do sofá, da cadeira
Até é dono do mundo
Se deixar
Gato é gato
Gato é assim como ele é.

Tainá F. Lemos

4 amigas, poucas palavras e um café

Estação

Andando sem direção
Sem saber em que estação
Devo eu ficar e construir meu ninho
Andando sozinho pela vida
Encontro pessoas pelo caminho
Umas ficam e outras vão

Dura caminhada
Vou andando muito apressada
Devemos deixar que os sonhos se enfeitem
Como as flores, brotem seus botões
Soltem alucinações
No pensamento

Há lugares para passar
Momentos a recordar
Pessoas a subirem
E a descer na estação
Que lhe foi dada a indicação
Um dia todo mundo parte
Por um motivo ou outro
Cada um de nós tem uma estrada a trilhar
Onde podemos nos encontrar

4 amigas, poucas palavras e um café

E ao mesmo tempo também se desencontrar   Alguns vão com
você
Até certo ponto
Todo mundo já tem destino pronto
Deus é quem escreve
A estação que cada um deve se despedir

Eu não sei onde é meu ponto final
Só sei que é hora de aproveitar a viajem
Pois o sinal pode tocar
E a próxima estação pode ser... a última.

Tainá F. Lemos

Educação Especial

Estudar...
Estudar dignifica
É conhecimento Não
é só talento
 É   dedicação,   é
amor.

Estudar, ler e ensinar
É o que nasci pra fazer e ser
Não há melhor lugar
Que deveria estar

Um carinho diferente
A quem precisa mais de nós
Professores e educadores
Ponham em mente Que todos
tem direito e podem
aprender, Cada um de um
jeito especial, Único!
E com paciência e dedicação
Tudo pode acontecer

4 amigas, poucas palavras e um café

Ensinar não é fácil
Ainda mais pessoas com deficiência,
Mas pra mim é gratificante
Mesmo com qualquer deficiência
Ver um sorriso gentil
De alguém que aprendeu algo novo
Ao seu modo, a seu estilo único
Assim, todo mundo é incluso

Incluir de verdade,
Não meia boca,
Tem que saber na real
O que é incluir
E nós educadores especiais
Temos essa grande missão
De levar à todos
O respeito e a inclusão

Não somos diferentes
Somos únicos
E temos que saber lidar
Com todos os tipos
De pessoas únicas
E suas particularidades
Para que possamos Ser
únicos juntos...

Tainá F. Lemos

4 amigas, poucas palavras e um café

Eu e a ansiedade

O ar me falta
O coração dispara
O peito dói, pressiona
Eu sei o que ocasiona
Essa tamanha dor

Me pego inquieta
Ando de um lado pro outro
Ao mesmo tempo me canso
Me sento sem ar,
Uma angústia aberta
Que se transforma em dor física
Essas coisas presas dentro de mim

Sinto vontade de chorar
Pra ver se isso tudo
Acaba de uma vez
Mas chorar não alivia
Essa dor que insiste todo dia
Em me machucar

Minhas mãos tremem

4 amigas, poucas palavras e um café

Meu pensamento acelera
Junto ao meu coração
A cabeça atropela pensamentos
E se move pelo meu corpo
Sem explicação

Perguntam porque sou assim?
Porque essa raiva dentro de mim? Essa
vontade de sumir?
Eu quero muito seguir
Mudar isso tudo,
Mudar de rumo
E deixar a ansiedade de fora, Mas
quem diz que ela quer ir embora Por
favor para de doer...
Um grito de socorro pede:
Ansiedade vá em embora,
Já fez muito mal por aqui.

Tainá F. Lemos

4 amigas, poucas palavras e um café

Olhos que me enxergam

As pessoas me olham
Com ar de pura reprovação
Como se fosse errado amar
Como se dissessem não
Com os olhos e o franzir do nariz

Me olham com um olhar
Como se estivessem a me julgar em pensamento
Me assusto, pois não aprendi
A não observar as pessoas
A não ver na alma delas
O preconceito enraizado
Anos a fio em cabeças fechadas

Nos olham como pecadores
Como um monstro horripilante
Que ninguém deve chegar perto Porque
não param um instante?
Temos muito a dizer!
Vejo em rostos insatisfeitos

4 amigas, poucas palavras e um café

Muita estranheza e julgamentos
Julgam algo tão natural que é o amor
Somos tão diferentes assim?
Somos pessoas, vivemos tal qual as pessoas
Temos direito de viver
De não se esconder
Para olhos discriminatórios
Eu, por horas, me sinto acuada
Como se eu fosse errada
De ser como eu sou

Eu sou como eu sou
Sou uma menina que ama outra menina
Se orgulha de ser o que é
Esses olhos maus
Nunca vão nos calar
Nossa voz será ouvida
Até nós confins da vida A
quem quiser ouvir
O grito da liberdade.

Tainá F. Lemos

CAPÍTULO V

Parcerias

Kimberli L. Senna

Michelly Jardim

Rafaela Lopes
Tainá F. Lemos

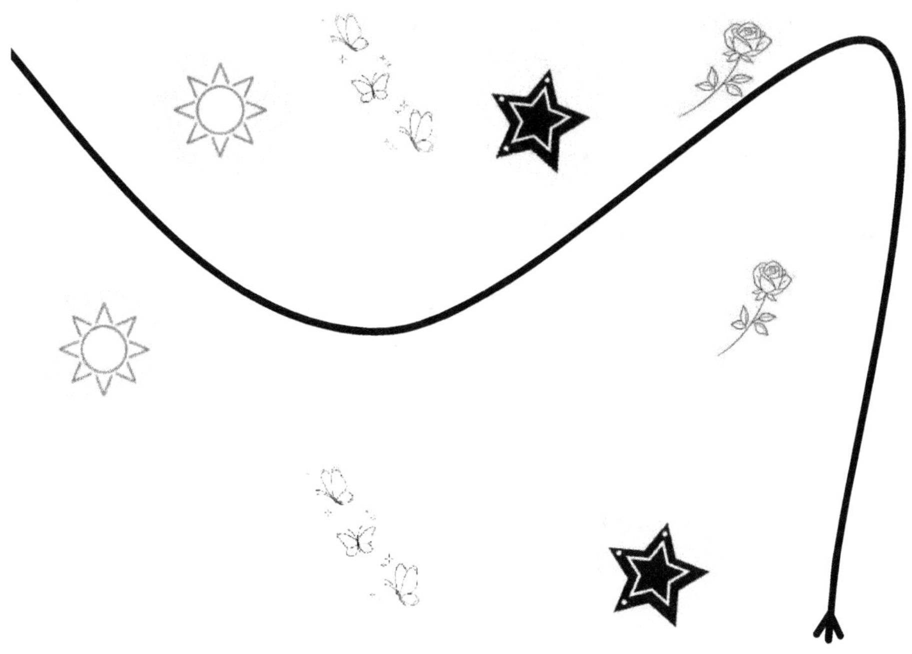

4 amigas, poucas palavras e um café

Meu amor à moda antiga

Nunca fui boa em escrever cartas de amor,
Mas lembro de todas as minhas tentativas
Não foi por falta de sentimentos,
Mas algo me diz que nasci na época errada

Um cartão postal seria incrível receber
Algo que me faça lembrar do teu querer
Um bom dia meu bem, e no final uma bela assinatura
Expressando saudade, amor e ternura

Beijos inesperados e valsar na calçada
Serenatas na janela e flores para amada
Fugir dos pais para ver o sol nascer
Ser acompanhada até em casa na volta ao entardecer

Nunca fui boa escrever cartas de amor, mas hoje sei a resposta era
você quem eu devia direcionar todas as cartas, cartões postais, a
valsa as margens do rio Sena

4 amigas, poucas palavras e um café

É você quem eu quero abraçar
Ter momentos em família, aniversários, natais, anos
novos é com você que eu quero viver.

Você é minha inspiração, tem meu coração
Quero poder amar e sentir
Viver e sorrir
A sorte de ter conhecido um grande amor.

Michelly Jardim & Kimberli L. Senna

4 amigas, poucas palavras e um café

Sobre altos e baixos

Não! Você não vai esquecer, você só vai aprender a viver com tudo isso. Seria fácil demais superar tanta coisa se dependesse apenas de esperar que a lembrança desapareça por completo da nossa cabeça, e assim consequentemente aliviar o coração, mas não, não é assim tão simples nem nunca vai ser... Nós seres humanos temos a comodidade de entregar tudo ao tempo, que o tempo leve embora tudo de ruim, que o tempo cure, que o tempo resolva e assim nos acomodamos. Quando quem deverá passar, curar, resolver somos nós mesmos.

Nossa mente não é um banco de dados e nós não somos aparelhos eletrônicos que quebramos, consertamos ou facilmente até substituímos por algo melhor. Com seres humanos não funciona assim, mas lembre-se que o tempo não é nosso inimigo e não é sobre quanto tempo tudo leva pra se resolver e sim em quanto tempo você aprende o que a vida tenta ensinar....

E as vezes leva tempo para aprendermos o que a vida quer nos ensinar, temos que cair várias vezes no mesmo ponto, vivermos muitas vezes a mesma situação de formas distintas até entrar na nossa mente a lição que a vida quer deixar.

Cada pessoa é uma lição. Li alguma vez em algum lugar que pessoas entram e saem de nossas vidas ciclos começam e terminam talvez quando aprendemos isso a gente não sofra tanto com despedidas. Nem deixe de acreditar nos reencontros, aprenda a perdoar por que a gente também erra, aprenda a compreender que a gente vai embora e tudo isso fica.

4 amigas, poucas palavras e um café

E nada importa mais do que o que amor, o carinho, a amizade os sentimentos bons que a gente planta no coração de cada pessoa a gente cruza o caminho.

Michelly Jardim & Kimberli L. Senna

Estranha mente

Estranha memória de papel
Estava lá a imagem e a escrita desgastada
De uma lembrança ao léu
Que foi esquecida,
Encontrei escondida
Estranha mente como pode esquecer
No fundo da gaveta
Uma lembrança de papel
Lembranças que me ouvem
Que me dizem quem sou
Quem quero ser
A razão de eu escrever
É de ser apegada as palavras,
Palavras simples, singelas
Palavras são lindas,
São livres como aves no céu
Que ao surgir em minha mente
Repousam no papel
Como em um sonho tomam forma
Com as minhas mãos ganham vida
Se sentem acolhidas

4 amigas, poucas palavras e um café

É tão bonito de ler
Desde os risos tão tristes
Ao choro mais feliz,
Pra mim feliz é quem diz
Que sabe escrever
Não só com as mãos,
Mas com o coração
E com muita alma
Linhas e curvas de letras
Cada letra uma história,
E a cada história uma imagem se forma
Nessa estranha mente
Que muitas vezes viaja para as estrelas
Em um mundo particular
No papel eu repouso minhas lembranças
Para que elas não voem
E se apague da minha mente, Ela
é estranha, estranha mente Que
me prega peças.

Michelly Jardim & Tainá F. Lemos

4 amigas, poucas palavras e um café

O que é o amor?

Que pra nós o amor seja leve
Que te amar seja doce
Seja radiante como o castanho dos teus olhos
Que seja provocante como tua boca
Suave como tua voz rouca
Ao despertar cedo da manhã
Que apesar de qualquer briga
Não falte o respeito
Que sobre amor no peito
Quando pensarmos que não há saída
Encontremos motivos
Pra nos amarmos de novo
Como se fosse a primeira vez
O meu querer te quer além da vida
Tua alma me excita
Teu riso é contagiante
Que você seja o amor meu amor
Que você seja livre para ir
Mas que sempre escolha ficar,
Ficar pra me amar
Que todos os momentos sem você sejam breves

4 amigas, poucas palavras e um café

E que o amor para nós seja leve
Que possa ver no teu olhar
O amor que um dia te dei
Que nunca falte você pra mim
E que não falte eu pra você
Que entre as covinhas do seu sorriso
Possa repousar meus beijos
E o meu amor que um dia te dei
E hoje ele é exatamente o mesmo
Do que anos atrás
Que todos os dias possamos ser
O casal perfeito pra amar Mesmo
com anos de idade.

Michelly Jardim & Tainá F. Lemos

Valor da amizade

Às vezes a gente olha as pessoas de forma tão bonita, valorizando quem elas foram para nós e o que fizeram por nós. E isso é importantíssimo, eu diria até necessário valorizar as ações, os gestos de generosidade, de amizade, isso é de almas nobres, isso jamais devemos deixar de fazer. Também é importante reparar no agora, naquela pessoa que foi generosa com você, que te ajudou nos momentos difíceis, te deu força para se levantar, te cuidou em uma doença, te visitou enquanto você estava hospitalizado.

Ela continua sendo assim? Ela continua com as mesmas atitudes nobres? Se sim é muito válido preservar essa amizade para o resto da sua vida, pois isso é tão raro e tão bonito temos que aproveitar a presença das pessoas que amamos em nossa vida cuidar como uma flor regando sempre com carinho, gentileza e amor.

Kimberli L. Senna & Rafaela Lopes

Sonhos reais

Sonhar é algo maravilho, é algo bom, mas também os nossos sonhos sempre querem dizer algo muito maior, além da vida, sonhos sempre tem significados podem ser muito óbvios, entretanto cada sonho parece que quer nos falar alguma coisa.

Nem sempre conseguimos interpretá-los, mas nós sempre tentamos. O ser humano sonha muito e isso é perfeito se fosse possível dar um conselho eu diria: Sonhe grande, sonhe muito mesmo, todos temos sonhos e sempre queremos realizar todos.

É certo infelizmente nem sempre as coisas saem como a gente quer ou deseja. O importante é nunca parar de buscar os nossos objetivos e tudo requer trabalho, dedicação, comprometimento e disciplina, só assim chegamos lá, só assim os planos saem do papel, só assim a fábula se torna realidade.

Kimberli L. Senna & Rafaela Lopes.

4 amigas, poucas palavras e um café

Livre-se dos medos com sua criança interior

Todos nós temos algum medo.

É mais fácil falar sobre os medos da infância

Do que os medos da vida adulta

Medos que surgem conforme a gente vai vivendo e tudo vai acontecendo

Porquê é sempre mais fácil falar sobre medo quando somos crianças.

Quando crescemos ninguém gosta de se sentir vulnerável e por isso prendemos em sete chaves.

E assim pensamos estar tudo resolvido, mas não, cedo ou tarde tudo volta,

Seja o que for, coisas mal resolvidas sempre vem à tona e nos faz sentir aquele misto de emoções novamente

Ah como eu gostaria de voltar a ser criança ter minhas preocupações inocentes ser abraçada ao cair, ter liberdade para deixar as lagrimas rolarem por qualquer motivo E ainda assim ser acolhida.

Ah como eu queria que todo esse medo sumisse com um abraço de um ursinho de pelúcia que fácil seria, ser corajoso todo dia.

4 amigas, poucas palavras e um café

Com o tempo a gente aprende
Com o tempo a gente supera
Não os medos, a gente supera a dor de crescer e começamos
a ver que as maiores dores não são necessariamente as
dores físicas
E ainda assim aprendemos a cada dia a nos curar, mesmo
que isso leve uma vida inteira.
A gente aprende.

Michelly Jardim & Rafaela Lopes

De 4 estações e sensações

Com você eu sinto um misto de sensações
Me arrepio com teu toque
E vibro com tua fala
Me derreto pelas tuas palavras
Contigo sinto as quatro estações E
sinto na pele o arrepiar gostoso do
inverno quando tira a minha roupa
Sinto o calor do verão quando me olha
Sinto o frescor do outono quando me toca
E o desabrochar da primavera quando beija minha boca

Quero desbravar o mundo através
Das tuas curvas
Quero nadar na imensidão dos mares
Que desagua teu corpo
Quero ver as estrelas mais brilhantes
Do céu da tua boca
Poder te ouvir gritar de amor
E quando não existir mais nada além
De nós dois amores, existirá essa poesia Que
nos fará querer viver novamente.

Michelly Jardim & Rafaela Lopes

4 amigas, poucas palavras e um café

Perfeitos Imperfeitos

Casa perfeita, tudo perfeito
Mulher perfeita
Homem perfeito
Carro ou moto perfeitos

Já pensou se tudo fosse perfeito?
Todo mundo gostaria
De ter tudo perfeito
Do seu jeitinho

Mas não é assim que funciona
Somos por natureza imperfeitos
Nem tudo que queremos será nosso ou podemos ter Seria
perfeito se assim fosse!
Mas de uma coisa tenho certeza
Somos perfeitos de imperfeições

Imperfeições essas
Que nos fazem humanos
Falhos, que podemos errar
Ser imperfeito não é ruim
É ser perfeito do seu jeito
Não do jeito do outro
E sim do seu, na sua própria essência No seu
perfeito jeito imperfeito de ser.

Rafaela Lopes & Tainá F. Lemos

4 amigas, poucas palavras e um café

Natureza à olho nu

Acordar e admirar esta vista
Nada há de melhor
Que apreciar esta paisagem
 Como o pôr do sol ou um anoitecer
Quando o céu levemente
Se alaranja e escurece
Ou um amanhecer que resplandece
É um privilégio esse lugar
Escutar o som da natureza
Não tem nada melhor
Só você e natureza realmente é um   lugar belo
Um lugar singelo
Que poucos sabem apreciar
Com os olhos atentos
Um amanhecer com gritos de pássaros
A voar por aí enquanto o sol
Acorda e se espreguiça
Ah! A natureza em sua grande beleza
Precisa ser cuidada
E observadas com olhos sutis
Não deixe que ela acabe,
Pois se acabar a natureza Nós
também acabamos.

Rafaela Lopes & Tainá F. Lemos

4 amigas, poucas palavras e um café

Meus olhos

Os olhos são a porta da alma
Basta enxergar mais fundo
Que você vai ver
No olhar existe a tristeza escancarada
Uma mulher que sofreu
Olhe no olhar e encontrará minha depressão encaixada na alma
Olhe meus olhos, olhe a verdade
Enxergue a ansiedade que
Também me apavora
Olhe em meus olhos e verá
Uma mulher que quer sair do escuro
Que apesar de tudo nunca desistiu

Olhe em meus olhos
E verá minha força
Mesmo em meio a tantas dores
Olhe em meus olhos e verá o amor que sinto
Por minha vida, por minha profissão, por minha amada.
Só preciso eu mesma me enxergar assim.
Olhe em meus olhos e verá
Quem passou por muitas coisas,
Mas não tem medo,
Ao menos vergonha
De expor suas cicatrizes de batalha
Eu me orgulho de ser quem eu sou

4 amigas, poucas palavras e um café

Essa sou eu,
Se tem uma coisa que eu sei ser,
É ser amor,
Basta olhar em meus olhos
E verá
Olhe em meu olhar
E vai perceber
Como realmente sou
Não consigo esconder
Meus olhos contam tudo
Até os maiores segredos
Estão abertos em meu olhar
É só olhar meu rosto No
fundo dos meus olhos
Existe tudo o que eu sou.

Tainá F. Lemos & Kimberli L. Senna

Repúdio ao abuso

Criança tem que ser criança
Tem que brincar, que se sujar
Aproveitar a infância
Que é uma das melhores fases da vida
Infelizmente sem retorno
A adolescência deve ser desfrutada
Da melhor maneira possível
Crianças e adolescentes não merecem e nem precisam
passar por um momento tão doloroso
Ou carregar uma responsabilidade tão grande
Como a maternidade Abuso é crime!

Criança tem que ser criança, não carregar outra na barriga
Fica de olho... ela é só uma criança.. precisa ser cuidada,
protegida
Não deixa essa criança perdida
Por aí com qualquer um
Criança é uma criança
E tem que viver,
Não conviver com um trauma pra vida inteira
É errado uma criança criar outra criança

4 amigas, poucas palavras e um café

Não dá! Não é possível!
Além de ser abusada
Ainda ser obrigada a ter essa criança
Fruto de um abuso que vem
Muitas vezes de casa

Por favor! Olhem por nossas crianças e
Não as deixem sozinhas
São apenas crianças
Não tem culpa de um estuprador
Tocá-la sem permissão
Ela não fez nada,

Não é culpada,
Não sofre violência por que ela quis
Então, ela não pode carregar o peso de uma gestação
Vinda de um abuso Não, não pode ser assim!

Tainá F. Lemos & Kimberli L. Senna

Algum caminho

Vaguei muitas vezes sem saber por onde ia
Vivi momentos sem saber o que sentia
Me perdi na minha própria imensidão
De tentar controlar meu coração

Às vezes questiono o que quero
Quais respostas devo procurar
Vou escrevendo meu próprio destino
A certeza que tenho é que algo vai me encontrar

Entretanto nem sempre encontraremos as respostas exatas
para os questionamentos que temos, pois se não temos
um direcionamento na vida qualquer caminho serve.
E muitas vezes ficaremos em dúvida se estamos seguindo
o caminho certo mas o que importa é não desistir de
prosseguir.

Michelly Jardim, Kimberli L. Senna & Rafaela Lopes

4 amigas, poucas palavras e um café

Há tanta coisa pra dizer

Será que quando o silêncio da noite chegar
Ainda vou pensar no que tenho a dizer
Mas como saber se é possível ou não
Essa história como chama reacender

Há tanta coisa pra dizer
Mas estamos aqui parados
Fico sem saber o que fazer
Por que somos tão enrolados?
Será que o tempo muda tudo
Ou pode atrapalhar?
Já nem sei o que esperar do futuro
É melhor deixar rolar

Tantas vezes eu tentei guardar segredo
Tantas vezes eu tentei deixar o meu medo me vencer
Gritar o que eu quero dizer
Sei que algum dia você vai lembrar
Sei que algum dia você vai me ouvir cantar
Não dá mais pra disfarçar

4 amigas, poucas palavras e um café

Há tanta coisa pra dizer
Mas estamos aqui parados
Fico sem saber o que fazer

Por que somos tão enrolados?
Será que o tempo muda tudo
Ou pode atrapalhar?
Já nem sei o que esperar do futuro
É melhor deixar rolar

Será que você vai ouvir cada canção?
Porque eu me transformo em voz de violão
Às vezes fico pensando
O que eu sou pra você
Só estou esperando você vir me dizer.

Michelly Jardim, Kimberli L. Senna & Rafaela Lopes

O "eu" das três mulheres

Muitas vezes sou loucura, outras sou calmaria
Muitas vezes sou breu da noite
Outras sou sol do meio dia
Muitas vezes sou feita de meias palavras
Outros livros repletos de histórias

Sou por inteira
Não de meias palavras
Levo dores e amores
Todos dentro de mim
Sei que não sou perfeita
Eu sou inteiramente feita de amor
Sou uma flor, mas também tenho espinhos
Mulher de princípios
E de intensidade e sensibilidade aflorada

A intensidade em mim sempre gritou mais alto Nunca
fui mulher de descer do salto,
mas também nunca deixei de expressar o que sentia, falar o
que queria,
Injustiça, apontada como errada, criticada, não importa as
circunstâncias nunca deixei de ser eu mesma
A mulher que levanta e se levanta

4 amigas, poucas palavras e um café

Acolhe, e é acolhida
Entende e é entendida Ofertar,
receber a vida é doar- se
mesmo nem sempre recebendo
o que se oferta.

Michelly Jardim, Kimberli L. Senna & Tainá F. Lemos

4 amigas, poucas palavras e um café

Café com aroma de poesia

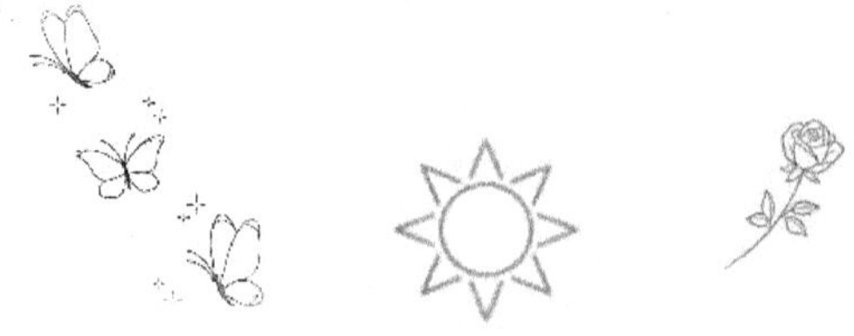

A gente sintoniza café com poesia
Não é porque o cafezinho é amargo
Que a vida também deve ser
Meus versos inversos substituem o açúcar
Faz a vida ficar mais leve e gostosa de escrever

Um cafezinho pra acordar pra vida
Para o dia realmente começar
O dia não caminha
Se não haver um café
Em meio a sentir os sabores de um café preto
Fico pensando, me energizando
Assim nasce uma poesia
Em meu pensamento
Junto aroma mais gostoso
Que me entra as narinas

Sem café nada começa
E nada termina
Nem uma poesia,
Pois fica inacabada sem café!
É Lei!

4 amigas, poucas palavras e um café

Nada melhor que um café
Uma dose de energia, e um pão fresquinho
Para iniciar o dia
Sorriso no rosto, vontade de lutar E
muita fé que não pode faltar...

Michelly Jardim, Kimberli L. Senna & Tainá F. Lemos

4 amigas, poucas palavras e um café

Pessoas ao lado: Atenção!

Eu enxergo nos olhos
Quando uma pessoa é boa
Meu radar encontra pessoas boas
Sei que existem por aí Pessoas
honestas...
Por algum motivo estão na rua
Ou precisando muito
Tenho pouco a oferecer

Se pudesse ofereceria mais
Ao que precisa na rua
Honesto quem pode pra comprar
Umas balinhas pra poder vender
E não pede dinheiro
Somente um pouco de comida
Pra comer e saciar a fome
Que persiste desde o dia anterior

Um pouco de amor e carinho,
Essa é a maior riqueza
Um pouco de cada um
Se transforma em milhões

4 amigas, poucas palavras e um café

Isso é o que toca as vezes só num olhar
A gente busca talvez
Um tesouro, puro e valioso
Mais valioso que qualquer dinheiro
Ou diamante
Pode ser bem mais
Que nós podemos esperar

Tudo que precisamos as vezes
É de um olhar atento,
E um pouco de atenção de palavras de carinho E
que são um acalento ao coração.

Uma ajuda não precisa ser financeira muitas vezes
É emprestar um ouvido,
Dar um abraço, perguntar sobre como foi o dia
Já muda o dia de alguém,
Para fazer a diferença não precisa de muito.

Kimberli L. Senna, Rafaela Lopes &Tainá F. Lemos

4 amigas, poucas palavras e um café

Poesias e romances

Você é poesia, linda de mais
Ou é um romance que te prende até o fim
Poesias são tão belas e doces
O romance é nossa história de amor

Pra você escrevo mil poesias
Espero que um dia
Nosso amor vire romance
Desses bem melosos
Que você seja meu par perfeito
Na poesia, na vida e nos romances
Que chova sorrisos
E que possamos nos amar
Como esses casais de romance
E tenhamos um final feliz
Pra sempre

Final? quando se trata de nós Não
gosto de pensar em final, Mas
sim em eternidade.

4 amigas, poucas palavras e um café

Gosto de fazer planos para o nosso futuro,
Visualizar os nossos próximos passos a nossa casa,
As crianças brincando no pátio correndo, se sujando,
Você cantando canções de ninar E eu contando
histórias para adormir.

As descobertas de como ser boa mãe,
Boa esposa, boa profissional,
Chegar em casa depois de um dia cansativo
E ouvir eles dizendo mamãe mãe,
Correndo em minha direção
E ter a certeza de que tudo valeu a pena e vale,
Nosso amor não é de poesias, novelas ou romances
Nosso amor é realidade dessas que perduram Pela
eternidade...

Kimberli Senna, Rafaela Lopes & Tainá F. Lemos

Vida após à morte

A morte não é o fim
Jamais será,
Deus sabe o que virá
O céu ou o inferno
E só você saberá
Pra onde você irá
Uns creem que você reencarna
Para continuar o que não acabou
Há coisas inacabadas Que
temos que ver.

Independente de tudo
O importante é ter paz
Se sentir em paz
Todos nós sonhamos em encontrar
Seguir por aquele belo caminho
De luz que irradia
Mas a direção a seguir
Depende de como se vive
Das ações do dia a dia
E da fé que sempre devemos ter

4 amigas, poucas palavras e um café

Nunca   podemos desistir
Temos que ter fé
Deus   que   vai guiar o nosso caminho
Temos que ter esperança
Essa é a chave!
Cumprir com nossa missão e nosso propósito,
Pois um dia iremos partir pra vida eterna E
nesse dia não há o que fazer.

Michelly Jardim, Rafaela Lopes e Tainá F. Lemos

4 amigas, poucas palavras e um café

Lua

Lua sempre bela
Sempre com seu encanto ao iluminar a noite
Lua sempre bela
Clara como véu
Junto das estrelas
Cortinas de beleza no céu

Lua tão bela, e ao mesmo tempo tão distante...
Lua, querida Lua!
Ouve meus apelos só por um instante!
Te vejo da janela do quarto a enfeitar o céu.
Faço juras, pedidos e você sempre a nos iluminar

Lua cheia pra iluminar os namorados
Minguante pra minguar o mal
Crescente para crescer o amor Nova,
para uma nova chance de viver
Querida, Lua!
Me ilumine, me banhe
Na sua luz brilhante
Me fazendo beber da tua energia.

4 amigas, poucas palavras e um café

Lua para iluminar meu amor,
Você é meu amor que vem
Trazendo leveza e alegria a minha alma
Chega assim, de repente como um doce sopro
Com um leve beijo
Que me arrepia
Me deixando com mais
E mais desejo,
A lua está perfeita
E é você que eu quero hoje Amar
à luz da lua.

Michelly Jardim, Rafaela Lopes, Kimberli L. Senna & Tainá F. Lemos

Não sei dizer adeus

Não sei dizer adeus, pois adeus é uma palavra muito forte parece algo tão definitivo, algo sem retorno, imutável. Prefiro pensar que a vida é roda-gigante um dia embaixo, e outro em cima. Um dia caindo e outro sendo elevado, nada é definitivo nem a morte, a gente nasce novamente nas gerações que seguem. às vezes penso que as pessoas que amamos mesmo, que estão com a gente nunca diremos adeus, nunca será um adeus, somente um até logo, a morte não separa porque a qualquer y6h ora a gente se encontra de novo, na vida ou na morte... não sei.

Tão complicado, mas tão necessário, todos temos ciclos que se iniciam e se encerram, isso e viver e entender que tudo passa, faz parte de crescer. Devemos esperar de braços abertos as pessoas que chegam e assim nos despedir quando elas se vão e compreender que mesmo que nada seja eterno, tudo tem uma razão de acontecer e ninguém cruza nosso destino em vão, por isso devemos sempre seguir em frente e levar conosco esses ensinamentos no coração.

Kimberli L. Senna, Michelly Jardim, Rafaela Lopes &
Tainá F. Lemos

4 amigas, poucas palavras e um café

Meu lugar

Que brisa Boa, rir à toa
caminhar pela vida sem ter
hora pra voltar É bom demais,
isso me traz paz
ter com quem sorrir e com quem compartilhar

Nosso lance, quase um romance Ah!
como eu queria te levar pra navegar
bem distante, no horizonte
Falar besteiras e fazer amor em alto mar

Quero desvendar tudo
em que você há
pouco a pouco entrar no teu coração
Porque lá eu quero estar
Lá é meu lugar
É com você eu quero realizar
Pra você eu vou cantar, te fazer acreditar
que ao teu lado é meu lugar Te
mostrar uma nova direção
acreditar que pode dar certo
eu e você na mesma estação
meu amor eterno.

Kimberli L. Senna, Michelly Jardim, Rafaela Lopes &Tainá F. Lemos

4 amigas, poucas palavras e um café

Nossas velhas infâncias

Uma tarde ensolarada
Pássaros cantando Boa
companhia.
Algodão doce, pipoca doce, Cheio
de terra molhada.
Tudo isso me traz à lembrança de minha amada infância,
banhos de piscina no verão com os primos, os
aniversários a casa sempre cheia bolo, brigadeiro, e
muitas brincadeiras.
A infância é uma das fases mais gostosas da vida,
não entendo essa necessidade que temos de
querer crescer tão rápido.

Quero me lembrar da infância
Brincando na terra, correndo pelos quatro cantos da casa,
Com meus amigos correndo animada Só
a brincar e brincar!
Correr pela rua, andar descalça, andar de bicicleta,
Fingir que é uma moto
E voar alto pela terra de chão Fazer
festa, muita festa!
Bom demais ser uma criança feliz!

4 amigas, poucas palavras e um café

Queria dançar e virar bailarina
Queria cantar por aí
Queria ser dona do mundo
Sendo criada em um cantinho só meu
Queria tanto ter alguém como eu
Compartilhar o quarto e ter de dividir tudo
Ter aquele incomodo que te salva do mundo
Ter companhia, ser companhia
Poder brincar com a liberdade e não com a
responsabilidade,
Pular corda, fazer desenhos em cartaz
Sem lembrar que a vida e que nem gangorra
Que os altos e baixos chegam cedo demais

Nós temos tantas coisas na infância, Mas
aí crescemos e quando isso acontece
Queremos voltar no início.
Tudo tem sua hora determinada e certa para acontecer,
as responsabilidades chegam e aí percebemos Que
realmente é a hora De crescer e amadurecer.

**Kimberli L. Senna, Michelly Jardim, Rafaela Lopes &
Tainá F. Lemos.**

4 amigas, poucas palavras e um café